HOPPLA

Deutsch für mehrsprachige Kindergruppen 3

Arbeitsheft B

schul verlag plus

Lehrmittelverlag
Zürich

Sachen aus ...

Der Tisch ist _____.

Die Fensterscheibe ist _____.

_____.

_____.

_____.

_____.

_____.

aus Holz	aus Papier	aus Karton
aus Metall		aus Wolle
	aus Plastik	
aus Stoff	aus Glas	aus ...
	aus Leder	

4

Wer sagt das?

Hallo,
ich heisse Ruben.

Hallo,
ich heisse Gwen.

«Ich schaue gern Fussball.»

«Ich habe schon viele gefunden.»

«Die Bildchen sind für mich zu teuer.»

«Er versteckt sie in der Wohnung, und ich muss sie suchen.»

«Manchmal schaue ich sie einfach an.»

«Wir zeichnen mit Kreide einen Kreis auf den Boden.»

«Manchmal helfe ich meinen Eltern beim Putzen.»

«Ich sammle nur grosse Murmeln.»

«Beim Tauschen legen wir die Bildchen am Boden aufeinander.»

«Ich tausche nur selten.»

«Ich tausche nur mit Knaben.»

«Am schönsten finde ich die Wappen.»

Ich wünsche mir einen Zauberschuh

Ich wünsche mir einen Zauberschuh ...

mit einem starken Motor,	mit grossen Flügeln,	mit einem weichen Himmelbett,
mit einem Gefrierschrank,	mit einer Kuh,	mit einer Lupe,
mit einem Fernrohr,	mit vielen Plüschtieren,	...

damit ich ...

immer viel Eis essen kann.	immer spielen kann.	um die ganze Welt fliegen kann.
auf der Reise gemütlich schlafen kann.	alles untersuchen kann.	ganz schnell fahren kann.
ganz weit sehen kann.	immer frische Milch trinken kann.	...

Mein Zauberschuh

Die Überraschung

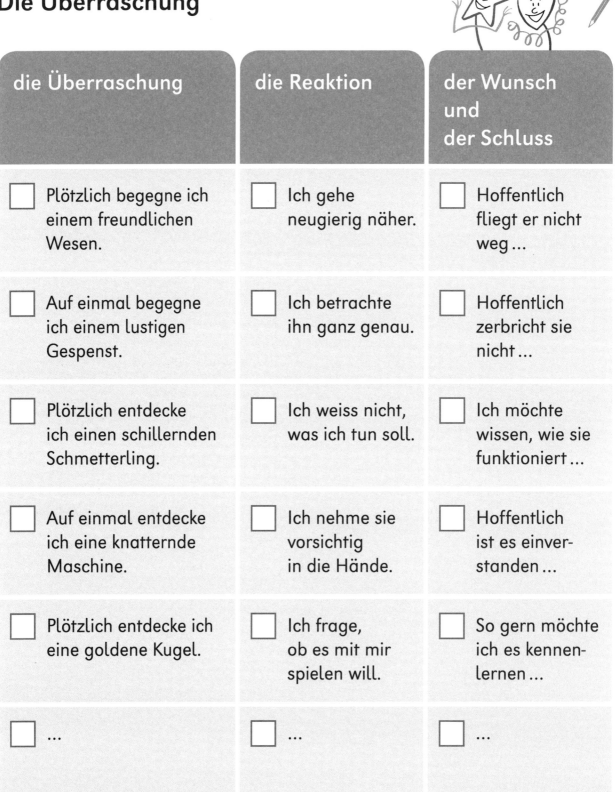

die Überraschung	die Reaktion	der Wunsch und der Schluss
☐ Plötzlich begegne ich einem freundlichen Wesen.	☐ Ich gehe neugierig näher.	☐ Hoffentlich fliegt er nicht weg…
☐ Auf einmal begegne ich einem lustigen Gespenst.	☐ Ich betrachte ihn ganz genau.	☐ Hoffentlich zerbricht sie nicht…
☐ Plötzlich entdecke ich einen schillernden Schmetterling.	☐ Ich weiss nicht, was ich tun soll.	☐ Ich möchte wissen, wie sie funktioniert…
☐ Auf einmal entdecke ich eine knatternde Maschine.	☐ Ich nehme sie vorsichtig in die Hände.	☐ Hoffentlich ist es einverstanden…
☐ Plötzlich entdecke ich eine goldene Kugel.	☐ Ich frage, ob es mit mir spielen will.	☐ So gern möchte ich es kennenlernen…
☐ …	☐ …	☐ …

Die Überraschung

die Überraschung	die Reaktion	der Wunsch und der Schluss
☐ Auf einmal begegne ich einer Riesenschlange.	☐ Vorsichtig schaue ich hinein.	☐ Leider explodiert sie mit einem grossen Knall…
☐ Plötzlich begegne ich einem bösen Zauberer.	☐ Vorsichtig gehe ich näher.	☐ Zum Glück verschwindet sie bald wieder…
☐ Auf einmal begegne ich einem giftgrünen Wesen.	☐ Ich weiss nicht, was ich tun soll.	☐ Da tappt mir ein Monster entgegen…
☐ Plötzlich entdecke ich eine unheimliche Höhle.	☐ Ich bleibe wie angewurzelt stehen.	☐ Leider verfolgt es mich…
☐ Auf einmal entdecke ich eine glänzende, schwarze Flasche.	☐ Ich renne wie der Blitz davon.	☐ So ein Pech! Ich werde verzaubert…
☐ …	☐ …	☐ …

Das Skelett

Das Skelett besteht aus Knochen und Gelenken. Es stützt
und schützt den menschlichen Körper. Der Schädel schützt
das Gehirn. Der Brustkorb schützt das Herz, die Lunge
und andere Teile im Körper. Bei einem Kind, das 30 Kilogramm
wiegt, sind die Knochen etwa 4 Kilogramm schwer.
Der längste Knochen ist der Oberschenkelknochen.

Ein Baby hat bei der Geburt etwa 300 Knochen.
Im Laufe der Zeit wachsen einige Knochen zusammen.
Ein erwachsener Mensch hat etwa 200 Knochen.
An den Händen und Füssen hat der Mensch viele kleine Knochen.
An einer Hand hat es 27 Knochen, an einem Fuss hat es 26 Knochen.

Die Knochen sind durch Gelenke verbunden. Dadurch sind
verschiedene Bewegungen möglich: Das Ellbogengelenk
und das Kniegelenk ermöglichen Beugen und Strecken.
Das Schultergelenk und das Hüftgelenk ermöglichen Drehen.

Nach einem Knochenbruch bekommt man oft einen Gips.
Der gebrochene Knochen muss ruhiggestellt werden.
Der Gips ist hart. Er schützt den Knochen vor falschen Bewegungen,
damit er wieder richtig zusammenwachsen kann.
Das kann einige Wochen bis mehrere Monate dauern.

5

Du, Pfiff ...

Zilla: «Du, Pfiff, was weisst du über Knochen?»

Pfiff: «Nicht viel, nur dass Menschen und viele Tiere Knochen haben.
Und dass es Tiere ohne Knochen gibt, zum Beispiel die Schnecken.»

Zilla: «Das ist richtig. Ein Baby hat bei der Geburt etwa 300 Knochen!»

Pfiff: «O, so viele, das hätte ich nicht gedacht!»

Zilla: «Ja, da staunst du. Hier in diesem Buch über den Körper steht noch,
dass einige Knochen im Laufe der Zeit zusammenwachsen.
Ein erwachsener Mensch hat nur noch etwa 200 Knochen.»

Pfiff: «Lustig, ein Erwachsener ist viel grösser als ein Baby und hat aber
weniger Knochen!»

Zilla: «Ja, dafür sind die Knochen grösser und stärker! Einer ist
besonders lang.»

Pfiff: «Welcher denn?»

Zilla: «Der Oberschenkelknochen. Er ist der längste Knochen. Weisst du,
wie viele Knochen es an einer Hand hat?»

Pfiff: «Nein.»

Zilla: «27! Und an einem Fuss hat es 26 Knochen.»

Pfiff: «O, so viele!»

Zilla: «Ja, das hätte ich auch nicht gedacht!»

Pfiff: «Zum Glück müssen wir sie nicht zählen wie die Finger, 1, 2, 3, 4, 5.»

Zilla: «Ja, zum Glück, hihihi.»

Viele Fragen, eine Antwort

☐ Wer?	☐ Was?	☐ Mit wem?

Antwort   Frau Pelli bespricht mit den Kindern die Wörterlisten.

Antwort   Amélie hat alle vier Jahreszeiten aufgeschrieben.

Antwort   Mirko spricht mit seinem Vater Englisch.

Antwort   Lena hat mit ihrer Mutter albanische Wörter gesucht.

Am Schluss

Von Räubern, Hexen und Piraten

Was sagen sie?

Wohin soll ich gehen?   Geh fort von hier!

Du bist schwach!   Ich bin alt.

Wie sind sie?

Es war einmal ein _____ Esel. Er war _____ und

_____ . Deshalb wurde er fortgeschickt. Da traf er einen Hund

mit _____ Blick. Der Hund war auch _____ und

_____ . Sein _____ Herr wollte ihn totschiessen.

Der Esel und der Hund gingen zusammen weiter. Da trafen sie eine Katze.

Sie war auch _____ . Ihre _____ Herrin wollte sie ersäufen.

Also gingen sie zu dritt weiter. Sie trafen einen Hahn. Er krähte _____

_____ , weil er bald sterben sollte. Also gingen sie zu viert weiter.

Am Abend kamen sie zu einem _____ Wald. Sie wollten bei einem

_____ Baum schlafen. Da entdeckte der Hahn ein _____ Licht.

traurigem	alt	herzlose		schwach	strenger
			grossen		
alt		dunklen		armer	
	helles		schwach	alt	verzweifelt

Der mutige Räuber

 z

	wollte	er	
Als der mutige Räuber kein Licht mehr sah,			zum Haus hinausrennen.
Als er beim Räuberhaus war,			schnell zu seinen Freunden rennen.
Als er in die Küche ging,			ein Licht anzünden.
Als sein Gesicht von der Katze zerkratzt wurde,	wollte	er	zum Räuberhaus zurückschleichen.
Als er bei der Tür vom Hund gebissen wurde,			mit ihnen ein neues Haus suchen.
Als er vom Esel einen Tritt bekam und den Hahn krähen hörte,			nachsehen, ob niemand im Haus wäre.
Als er seinen Freunden alles erzählt hatte,			schnell zur Küche hinauslaufen.

16

Früher – jetzt

Das machte die Katze **früher.**	Das macht die Katze **jetzt.**
☐ Die Katze frass Mäuse.	☐ Die Katze sitzt oft auf dem Fensterbrett.
☐ Die Katze sass traurig am Wegrand.	☐ Die Katze miaut immer vor der Tür.
☐ Die Katze miaute kläglich.	☐ Die Katze zerkratzt manchmal die Tür.
☐ Die Katze ging mit dem Esel und dem Hund fort.	☐ Die Katze frisst jeden Tag Katzenfutter.
☐ Die Katze kletterte auf den Rücken des Hundes.	☐ Die Katze geht in der Nacht nach draussen.
☐ Die Katze schlief beim Ofen.	☐ Die Katze klettert oft auf einen Baum.
☐ Die Katze zerkratzte das Gesicht des Räubers.	☐ Die Katze schläft meistens im Katzenkorb.
☐ Die Katze war im Räuberhaus glücklich.	☐ Die Katze ist gern zu Hause.

Trotzdem

☐ Der Esel war alt und schwach.

☐ Trotzdem wollte sie nicht von der Herrin ersäuft werden.

☐ Der Hund konnte nicht mehr auf die Jagd gehen.

☐ Trotzdem erschraken sie diesmal ganz fürchterlich.

☐ Die Katze konnte keine Mäuse mehr jagen.

☐ Trotzdem wollten sie dorthin gehen und Musik machen.

☐ Die Tiere waren schon müde.

☐ Trotzdem machte er sich auf den Weg nach Bremen.

☐ Die Tiere sahen durchs trübe Fenster den gedeckten Tisch.

☐ Trotzdem getraute sich einer, zum Haus zu schleichen.

☐ Die Räuber hatten fast nie Angst.

☐ Trotzdem gingen sie zum hell erleuchteten Haus.

☐ Die Räuber hatten diesmal grosse Angst.

☐ Trotzdem konnten sie nicht einfach ins Haus hineingehen.

☐ Bremen war weit weg.

☐ Trotzdem wollte er nicht von seinem Herrn erschossen werden.

Wer sagt das?

Hallo,
ich heisse Eileen.

Hallo,
ich heisse Kamal.

«Ich habe sie von meinem Grossvater zu meiner Geburt bekommen.»

«Ich habe ihn von meinen Eltern zum ersten Schultag bekommen.»

«Tag und Nacht trage ich sie um den Hals.»

«Sonst ist er zu Hause auf meinem Pult.»

«Manchmal hängt sie aber auch zu Hause über meinem Bett.»

«Ich hatte null Fehler.»

«Da habe ich zuerst meine Kette berührt.»

«Vielleicht hat sie etwas Magisches.»

«Ich glaube, dass er mir hilft, weil er grün ist.»

«Ich weiss einfach, dass sie mir schon ein paarmal geholfen hat.»

«Er hilft mir sicher, weil ich daran glaube.»

«Ich will nicht wissen, wie sie hilft.»

Das Herz und das Blut

Das Herz ist ein Muskel. Es ist etwa so gross wie eine Faust.
Es wird durch den Brustkorb geschützt. Das Herz arbeitet immer.
Man kann es nicht absichtlich bewegen.

Dicke und dünne Adern führen durch den ganzen Körper.
Mit jedem Schlag pumpt das Herz Blut durch diese Adern.
Das Blut fliesst zum Herz hin und wieder vom Herz weg.
Das ist ein Kreislauf, er heisst Blutkreislauf. Das Blut transportiert,
was der Körper zum Leben braucht, und verteilt es im Körper.
Ein 30 Kilogramm schweres Kind hat etwa 2 Liter Blut.
Erwachsene haben etwa 6 Liter Blut.

Die Herzschläge kann man am Handgelenk spüren und zählen.
Das nennt man «Puls messen». Das Herz eines Kindes
schlägt 80 bis 100 Mal pro Minute. Wenn man rennt,
Angst oder Fieber hat, schlägt das Herz schneller.

Wenn man eine Wunde hat, bildet sich nach einiger Zeit
eine braunrote Kruste. Die Kruste besteht aus vertrocknetem Blut.
Sie verschliesst die Wunde. Unter der Kruste wächst neue Haut.
Man darf die Kruste nicht zu früh abkratzen, sonst beginnt es
wieder zu bluten.

6

Du, Zilla ...

Pfiff: «Du, Zilla, wir haben doch einmal gelernt, dass das Herz
auch ein Muskel ist!»

Zilla: «Sicher, aber etwas ist speziell beim Herz!
Erinnerst du dich noch?»

Pfiff: «Aber natürlich: Den Herzmuskel kann man
nicht absichtlich bewegen. Er schlägt von alleine,
und er arbeitet immer.»

Zilla: «Genau. Aber was ist denn eigentlich seine Aufgabe?»

Pfiff: «Das steht hier in diesem Buch. Das Herz pumpt
mit jedem Schlag Blut durch die Adern und verteilt es
im ganzen Körper.»

Zilla: «Du meine Güte, das ist aber eine harte Arbeit!
Und das ohne Pause!»

Pfiff: «Ja, ja, und dabei ist das Herz nur so gross wie eine Faust!
Du kannst das Herz auch hören und fühlen.
Leg einmal deinen Kopf auf den Brustkorb eines Menschen,
dann hörst du die Herzschläge:
pupumm, pupumm, pupumm ...»

Zilla: «So ein Herz ist aber fleissig!»

Pfiff: «Ja, das kann man wohl sagen.
Jedenfalls fleissiger als wir, hihihi!»

Viele Fragen, eine Antwort

☐ Wer?   ☐ Wo?   ☐ Wohin?

_____

_____

Antwort   Zilla möchte im Schloss übernachten.

_____

_____

Antwort   Pfiff und Zilla gehen in verschiedene Zimmer.

_____

_____

Antwort   Hier haben die Königskinder geschlafen.

_____

_____

Antwort   Jemand ist ins Zimmer gekommen.

Am Schluss

Mein Lieblingsplatz

20–21

Schreib auf, wo dein Lieblingsplatz ist.

Mein Lieblingsplatz ist in …

Mein Lieblingsplatz ist im …

Mein Lieblingsplatz ist beim …

Mein Lieblingsplatz ist …

Schreib auf, was es dort hat.

Dort hat es …

Dort stehen …

Dort sind …

Von dort aus sehe ich …

Schreib auf, was du dort gern machst.

An meinem Lieblingsplatz spiele ich …

An meinem Lieblingsplatz höre ich …

An meinem Lieblingsplatz schaue ich …

An meinem Lieblingsplatz …

Schreib auf, warum du gern dort bist.

Ich bin gern dort, weil …

Mir gefällt es dort, weil …

Ich liebe diesen Ort, weil …

Ich mag diesen Ort, weil …

Früher – jetzt

 z

Burim erzählt von **früher.**	Burim erzählt von **jetzt.**

☐ Früher habe ich
nur Türkisch gesprochen.

☐ Jetzt streite ich
nur noch manchmal
mit meinem kleinen Bruder.

☐ Früher habe ich am liebsten
Himbeersirup getrunken.

☐ Jetzt nehme ich die Sachen
nicht mehr in den Mund.

☐ Früher habe ich immer
mit meinem kleinen Bruder
gestritten.

☐ Jetzt trinke ich
gerne Schokoladenmilch.

☐ Früher habe ich am liebsten
drinnen mit Klötzen gespielt.

☐ Jetzt träume ich von
ganz verschiedenen Sachen.

☐ Früher habe ich
vor Hunden Angst gehabt.

☐ Jetzt weiss ich genau,
was ein Computer ist.

☐ Früher habe ich alles
in den Mund genommen.

☐ Jetzt habe ich Angst
vor dem Gewitter.

☐ Früher habe ich oft
von Räubern geträumt.

☐ Jetzt spreche ich Türkisch,
Deutsch und ein bisschen
Englisch.

☐ Früher habe ich
noch nicht gewusst,
was ein Computer ist.

☐ Jetzt spiele ich am liebsten
draussen mit dem Ball.

Wer sagt das?

z

Hallo,
ich heisse Goran.

Hallo,
ich heisse Jana.

- «Bei diesem Spiel erfahre ich viel über sie.»

- «Dort kann man ganz verschiedene Spiele machen.»

- «Wer die kleinere Zahl hat, bekommt beide Karten.»

- «Ich spiele meistens alleine.»

- «Manchmal spiele ich auch mit Kollegen an meinem Geheimplatz.»

- «Es gibt nur Spiele, die man zu zweit spielen kann.»

- «Es gibt verschiedene Levels.»

- «Aber es hat viele Hindernisse.»

- «Ich verliere gern.»

- «Wenn ich verloren habe, beginne ich das Spiel gleich nochmals.»

- «Wenn ich verloren habe, will ich das Spiel sofort wiederholen.»

- «Ich werfe alle Karten in die Luft.»

Das Gehirn

Das Gehirn befindet sich im Kopf. Es wird durch
den Schädel geschützt. Es arbeitet immer. Wenn man atmet,
sich bewegt oder schläft: Immer passiert etwas im Gehirn.
Das Gehirn arbeitet auch, wenn man denkt oder etwas fühlt.
Beim Schlafen arbeitet es aber weniger und kann sich erholen.

Nervenbahnen führen vom Gehirn aus durch den ganzen Körper.
Über diese Nervenbahnen schicken Sinneszellen Informationen
zum Gehirn. Wenn man zum Beispiel mit den Fingern
etwas Weiches berührt, schicken die Sinneszellen in den Fingern
diese Information über die Nervenbahnen an das Gehirn.

Für fast alle Bewegungen schickt das Gehirn Informationen
über die Nervenbahnen an die Muskeln. Wenn man
böse dreinschaut, braucht man etwa 40 Gesichtsmuskeln.
Wenn man lächelt, braucht man nur etwa 10 Gesichtsmuskeln.

Bewegungen, die nicht vom Gehirn gesteuert werden,
heissen Reflexe. Diese Bewegungen müssen ganz schnell passieren.
Wenn man mit der Hand eine heisse Herdplatte berührt,
zuckt die Hand sofort zurück. Oder wenn man vom Dunkeln
ins Helle tritt, verkleinern sich die Pupillen ganz schnell.
Auch Husten und Niesen sind Reflexe.

Du, Pfiff ...

Zilla: «Du, Pfiff, weisst du, was im Kopf drin ist?»

Pfiff: «Haha, jedenfalls kein Stroh!»

Zilla: «Komm, sag schon!»

Pfiff: «Das weisst du doch selber! Das Gehirn natürlich!»

Zilla: «Ha! Ich wollte nur testen, ob du das auch weisst.»

Pfiff: «Soso ...»

Zilla: «Und weisst du auch, was das Gehirn alles macht?»

Pfiff: «Aber sicher. Mit dem Gehirn denkt der Mensch.»

Zilla: «Und hast du auch gewusst, dass das Gehirn immer arbeitet?
Es macht keine Pausen und braucht darum sehr viel Energie.»

Pfiff: «Also wie das Herz?»

Zilla: «Ja, genau! Wenn man atmet, sich bewegt, denkt oder fühlt:
Immer passiert etwas im Gehirn. Sogar, wenn man schläft.»

Pfiff: «Was, auch wenn man schläft!?»

Zilla: «Mhm. Aber beim Schlafen arbeitet das Gehirn weniger,
und es kann sich erholen. Darum ist es auch wichtig,
dass man genug schläft.»

Pfiff: «Eben! Ich habe doch immer gewusst,
dass lange schlafen guttut!»

Viele Fragen, eine Antwort

☐ **Wer?**   ☐ **Was?**   ☐ **Wo?**

Antwort   Der Vater ist in Ibrahims Zimmer.

Antwort   Neben der Schultasche liegt ein Zettel.

Antwort   Vielleicht ist der geheime Platz auf dem Estrich.

Antwort   Die Kinder haben sich in ihrem Versteck gemütlich eingerichtet.

Am Schluss

Da ist ja alles umgekehrt!

z

	werden	sie	
Wenn man die Hände wäscht,			nicht rund, sondern eckig.
Wenn man die Bleistifte oft spitzt,			nicht hässlich, sondern schön.
Wenn man Kreise zeichnet,			nicht kurz, sondern lang.
Wenn man die Kleider an die Sonne hängt,			nicht gross, sondern klein.
Wenn Kinder wachsen,			nicht trocken, sondern nass.
Wenn man die Scherenschnitte unsorgfältig schneidet,			nicht sauber, sondern schmutzig.
Wenn man ...,			...

Die machen ja alles umgekehrt!

> Kinder aus dem Umgekehrtland erzählen:

☐ «Ich habe beim Wettrennen gewonnen.»

☐ «Darum darf ich fernsehen.»

☐ «Ein grosses Kind hat mir die Mütze vom Kopf gerissen.»

☐ «Darum esse ich meine Karotte allein.»

☐ «Ich habe die Hausaufgabe vergessen.»

☐ «Darum lache ich schadenfroh.»

☐ «Ich bin immer nett und hilfsbereit.»

☐ «Darum erzähle ich es allen.»

☐ «Ich habe die Hausaufgaben noch nicht erledigt.»

☐ «Darum lobt mich meine Lehrerin.»

☐ «Meine Freundin hat keinen Znüni.»

☐ «Darum schimpft meine Lehrerin mit mir.»

☐ «Mein Freund flüstert mir etwas ins Ohr. Es ist ein Geheimnis.»

☐ «Darum weine ich.»

☐ «Mein Freund weint.»

☐ «Darum bedanke ich mich bei ihm.»

Verdauen

Wenn der Körper Energie braucht, meldet er das dem Gehirn,
und man bekommt Hunger. Durch das Essen und Verdauen
von Nahrungsmitteln bekommt der Körper neue Energie.

Die Verdauung beginnt im Mund. Beim Kauen wird die Nahrung
zerkleinert und mit Speichel aufgeweicht. Nach dem Schlucken
transportiert die Speiseröhre die Nahrung in den Magen. Der Magen
macht daraus einen Brei und transportiert ihn in den Dünndarm.
Der Dünndarm transportiert den Brei weiter in den Dickdarm.
Auf diesem langen Weg durch den Körper wird die Nahrung verdaut.
Der Körper nimmt alle nützlichen Stoffe aus der Nahrung auf.
Was er nicht braucht, scheidet er als Kot wieder aus.

Nicht alle Nahrungsmittel werden gleich schnell verdaut.
Dunkles Brot oder Käse zum Beispiel werden langsam verdaut.
Dann ist man länger satt, als wenn man Süssigkeiten gegessen hat.
Bekommt der Körper mehr Energie, als er braucht, bildet er Fett.
Wenn der Körper zu viel Fett bildet, wird man dick.

Wenn man etwas Schlechtes gegessen hat oder krank ist,
bekommt man manchmal Durchfall, oder man muss erbrechen.
Man mag dann weder essen noch trinken. Trotzdem muss man
trinken, damit der Körper genug Flüssigkeit bekommt.

Du, Zilla ...

Pfiff: «Du, Zilla, weisst du, was Hunger ist?»

Zilla: «Ja, natürlich. Wenn man essen muss.»

Pfiff: «Ja, schon. Aber woher weiss der Mensch, dass er
essen muss?»

Zilla: «Weil er Hunger hat.»

Pfiff: «Ja, ja. Aber was ist Hunger genau?»

Zilla: «Du stellst wieder Fragen!»

Pfiff: «Hier in dieser Zeitschrift steht, dass der Körper
die Information ‹Hunger› an das Gehirn schickt,
wenn im Körper zu wenig Energie vorhanden ist.
Dann beginnt der Magen zu knurren, weil er gefüllt
werden will.»

Zilla: «Schon wieder das Gehirn! Da kommt ja wirklich
alles zusammen.»

Pfiff: «Das wissen wir ja schon. Und ich weiss auch noch,
wie das Essen zu Energie für den Körper wird:
Beim Essen wird die Nahrung zuerst im Mund zerkleinert
und dann im Magen zu einem Brei gemacht.
Aus diesem Brei holt der Dünndarm Energie.
Und das Blut verteilt diese Energie im ganzen Körper.»

Zilla: «Dann ist diese Energie sozusagen das Benzin für den Menschen.»

Pfiff: «Ja, das könnte man so sagen.»

Zilla: «Zum Glück müssen Menschen aber kein Benzin trinken, hihihi.»

Im Umgekehrtland

Wer sagt das?

Hallo,
ich heisse Elisa.

Hallo,
ich heisse Leon.

☐ «Ich werde auch eine grosse, teure Uhr tragen.»

☐ «Ich werde meistens lange Blusen oder T-Shirts tragen.»

☐ «Und natürlich werde ich Autos verkaufen.»

☐ «Meine Frau arbeitet auch in der Garage.»

☐ «Ich weiss dann viel über die Krankheiten von Menschen.»

☐ «Wir werden drei Kinder haben, ein Mädchen und zwei Jungen.»

☐ «Aber meine Eltern wohnen ganz in der Nähe.»

☐ «Es sind Zwillinge.»

☐ «Sie dürfen oft bei mir in der Garage sein.»

☐ «Beide Kinder werden ein eigenes Zimmer haben.»

☐ «Die drei Kinder sind gleich alt.»

☐ «Ich finde es wichtig, eine Familie zu haben.»

So ein Durcheinander

29–31

Die einen finden's lustig, die andern sind empört,

ich lese ___ Geschichten, die sind total verkehrt.

Für die, die Ordnung mögen, für die gibt's dann am Schluss

___ richtige Geschichten. Ich wünsche viel Genuss!

☐ Es war einmal
ein Kind,

☐ das fuhr und fuhr
im Kreis herum

☐ und legte dann
ein Ei.

☐ Es war einmal
ein Huhn,

☐ das war
so müde

☐ und fiel
auf einmal um.

☐ Ein kleines
Spielzeugauto,

☐ das gackerte
und gackerte

☐ und legte sich
zu Bett.

Viele Fragen, eine Antwort

z

| ☐ Wer? | ☐ Was? | ☐ Wann? | ☐ Wo? |

_____

_____

Antwort   Heute besuchen Zilla und Pfiff einen Bauernhof.

_____

_____

Antwort   Zilla und Pfiff sitzen ungeduldig im Bus.

_____

_____

Antwort   Der Hai zeigt seine spitzen Zähne.

_____

_____

Antwort   Im Stall wartet die nächste Überraschung.

Am Schluss

ilz Lehrmittel der Interkantonalen Lehrmittelzentrale

Autorenteam
Gabriela Bai, Claudia Neugebauer, Claudio Nodari, Susanne Peter

Projektleitung
Claudio Nodari, Roman Schurter

Projektbegleitung
Otto F. Beck, Roland Kromer

Herstellung
Marcel Walthert

Fachberatung
Elisabeth Ambühl-Christen, Mita Ray, Basil Schader

Begleitkommission
Julia Beetschen, Ruth Christen-Jordi, Katharina García, Annelies Humm

Illustrationen
Marc Locatelli, Zürich

Sachillustrationen
CAT Design, Claudia A. Trochsler, Baar

Fotos
Reto Schlatter, Zürich

Kolorierung
Vaudeville Studios, Zürich

Gestaltung
Bernet & Schönenberger, Zürich

Korrektorat
Christoph Gassmann, Zürich

© 2012 Schulverlag plus AG   Lehrmittelverlag Zürich
1. Auflage 2012

ISBN 978-3-292-00681-3 (Schulverlag plus AG)
ISBN 978-3-03713-586-0 (Lehrmittelverlag Zürich)